Collana Carmina Moderna

- 6 -

FRANCESCO D'EPISCOPO

TEMPO

Poesie

INDICE

Prologo	9
Il silenzio	11
Mio padre	13
Distrazione	15
Scanno	17
Natura	19
Cercami	21
Il cappero	23
Dimmi	25
Automi	27
Vecchi	29
Cultura	31

Attenzione 33

Vincere 35

Solitudine 37

Vivaldi 39

Volare 41

La paura del mare 43

Geni incompresi 45

Allievi 47

Napoli 49

Terre mie 51

Fraintendimenti 53

Insegnare la poesia 55

I vecchi 57

La scoperta della parola 59

Letteratura 61

Vite 63

Diario 65

Forse sto dicendo troppo 67

Al mondo 69

Verdi 71

Le vicine lontananze 73

Poesia 75

Madre 77

Maestri 79

Vecchiaia 81

Guardami 83

Storie 85

Giovani 87

Salerno 89

Via Tasso 91

Stanchezza 93

Domenica 95

Disconnesso e felice 97

Moschettieri 99

Il poeta	101
Celebrità	103
Figli	105
Sì, viaggiare	107
Supplemento di vita	109
Amore	111
Venere impudica	113
Riso	115
L'arco	117
Neve	119
Sud	121
Vento di mare	123
Sipario	125
Parole	127
Onomastico	129
Non serve	131
Sudore	133

Prologo

Qualcuno mi chiede come e perché sia diventato poeta (ammesso che lo sia). Sento ora di rispondere come suggeriva Pirandello per i suoi scritti: io non ho scritto ma sono stato scritto. Sulla via di Damasco sono stato folgorato dalle parole poetiche, dalle quali avevo tentato più volte di difendermi, dopo averle praticate per lunghi anni a livello accademico. Ma, in un giorno, inedito e imprevisto, esse hanno imposto la loro presenza, la loro forza inarrestabile e io mi sono arreso, direbbe Roland Barthes, al loro piacere, ma soprattutto alla loro irrefutabile richiesta di esserci, per dire ciò che non avevo mai detto, forse neanche a me stesso.

Sono germinate da una terra, solcata e seminata con amore, ma soprattutto con la distratta attenzione che ogni persona, votata alla poesia, forse possiede. Posso però assicurare che nessuna di esse risulta inutile, sostituibile con un'altra, in nome di una filologia sentimentale, che mi appartiene interamente e che deriva dal mio lavoro instancabile di critico, rivolto a scoprire, come una sorta di Sherlock Holmes, i segreti e le suggestioni degli altri.

Vengo da una generazione di critici autentici e autorevoli. Salvatore Battaglia, a cui si deve il più corposo e poeticamente puntuale *Dizionario della lingua italiana* (Utet), è stato il mio primo, grande Maestro napoletano e a lui e ai suoi degni successori devo probabilmente questo culto della parola, condotto talvolta fino all'estremo.

Una parola però, si badi bene, che viene restituita alla vita, alla sua calcolata casualità, alla sua sorpresa, alla sua meraviglia, alla sua capacità di essere, come sosteneva Parmenide, ciò che è. Tutto il resto, tutto il ciarpame che si dice tanto per dire, non le compete. Ad essa e alle parole, che suggerisce, va restituita la sua quotidiana sacralità, nel segno di un destino, che coinvolge ogni nostro gesto, ogni nostro pensiero. La poesia è, in qualche modo, chiamata a questo compito: svelare il mistero che ci avvolge attraverso segnali che giungono non sappiamo da dove ma che stigmatizzano il nostro corpo e la nostra anima, rendendoli qualche volta divini, insomma, la migliore versione di noi stessi.

Francesco D'Episcopo

Il silenzio

Resta il silenzio

delle cose perse,

il grido di un'anima bambina,

che rivuole le sue belle cose,

per giocarci da sola

o per condividerle in quel piccolo teatro,

che resta la vita.

Mio padre

Incantava il mondo

con le sue parole felici;

come Gesù, creava capannelli

intorno a sé

ed era davvero difficile

separarsi da quella festa della vita,

che egli si inventava,

a sorpresa dei suoi stessi cari.

Io, bambino, lo amavo e ammiravo

con la gelosia di chi vorrebbe

che l'amore fosse solo suo.

Ma l'amore, quello vero, quello buono,

è di tutti e far sorridere,

spesso fraintesi, gli altri

è un gioco difficile:

una scommessa, una sfida,

che mio padre vinceva sempre

con la naturalezza di chi sa

di appartenere alla vita

e non solo a se stesso.

Distrazione

Vedi, tu puoi dirmi tutto,

che sono spesso assente, distratto,

che lascio le luci accese,

che addirittura non so chiudere un telefono;

eppure, nessuno è più attento di me

ai particolari, che sfuggono a tutti,

ai panorami diversi,

che ogni giorno la natura ti regala,

ai giardini profumati che circondano la mia casa.

Distrattamente attento,

vivo la mia vita per caso,

aspettando che mi venga incontro saltando,

non con la malinconia che trattiene ferma la terra.

Scanno

Case annerite dal tempo,

mi ricordate il fumo che avvolge la vita,

dove cerchiamo di indovinare figure,

immagini misteriose di un passato che non ritorna.

Natura

"La vita semina, la morte miete",

diceva e scriveva l'amico poeta,

che non conoscevo se non per le parole

scolpite da sempre nel mio cuore.

I poeti sono padri, fratelli, cugini

di sangue comune e diverso,

che ti popolano la vita d'amore,

d'infinito.

Cercami

Cercami dove non sono,

nell'apparenza di una presenza,

che la vita a tutti impone.

Cercami nella grotta, deserta e solitaria,

della saggezza, che non perdona soprattutto

chi finge di vivere, per non morire.

Il cappero

Fiorisce su bianchi muri

e verdeggia come una siepe,

inconsapevole di possedere perle

da cogliere, arrampicandosi,

come su una infida montagna.

La bellezza, la bontà,

si mostrano e si nascondono

nel verde fogliame di una vita,

che esplode quando meno te lo aspetti

e attende di essere cercata, colta,

nelle sue perle segrete.

Dimmi

Dimmi chi cerchi

e dove pensi di trovarlo.

Si nasconde in una radura solitaria,

arrabbiato con il mondo che non lo vuole.

Randagio trova,

come gli uccelli,

quel poco da vivere,

pensando al niente che l'opprime.

In fondo, davvero,

basta poco per vivere,

Automi

Corrono un po' tutti,

non hanno tempo

per essere uomini.

Automi, governati da leggi assurde,

si muovono meccanicamente

e, raggiunto il risultato, si scoprono di metallo.

Vecchi

Corrono sul lungomare,

come facevo io,

da atleta volante.

Corrono per sentirsi bene,

per allentare la morsa del tempo.

Ma il tempo non si può sfuggire o ingannare.

Alla fine, moriranno tutti,

però in perfetta forma.

Cultura

Una volta, un politico mi disse

di rimpiangere la politica,

da quando gli era capitato

di frequentare il mondo della cultura.

C'era, forse, qualcosa di vero

in ciò che diceva:

non sempre ciò che sembra unire

unisce, spesso divide.

Attenzione

Essere distratti è,

in qualche modo,

essere più attenti

degli altri.

Concentrarsi per dimenticare

ciò che, in quel momento,

può apparire superfluo.

Mai distrarsi, però,

da ciò che più ci appartiene:

dall'amore che ogni giorno ti ricorda

di esser vivo e che nulla può essere superfluo.

Vincere

Molti sono convinti

di aver vinto,

di avere avuto tutto:

"Dopo Dio ci sono io",

mi disse un giorno

un Maestro, invasato dal potere.

Ma poi sopraggiunse qualcosa di imprevedibile:

una malattia che fa tremare

e poi quella che non fa più pensare.

Conviene conservare una giusta misura

per ciò che è stato e che ben conosciamo,

per ciò che è, come diceva Parmenide,

per ciò che sarà, come dice chi sa

che la vita è inedita e imprevista a se stessa.

Solitudine

Belli e infiniti

quei banchetti sull'aia,

dove i matrimoni si festeggiavano in casa

e tutte le donne erano chiamate a raccolta

per avviare e festeggiare una nuova vita,

quella di un uomo e una donna,

che da quel momento sapevano

di poter contare su un futuro di amore solidale.

Oggi si è, un po' tutti, più soli,

gli indivisibili separati,

i figli, rispettati da genitori

che prima li rimproveravano,

i genitori, abbandonati in case per anziani.

La disarmonia è diventata l'anima del mondo.

Com'erano belle e infinite quelle conversazioni,

sussurrate, gridate sull'aia di una vita,

che credeva in se stessa, perché sorretta dall'amore non di pochi ma di tutti.

Vivaldi

Vivaldi avrebbe forse avuto difficoltà

a scrivere "Le quattro stagioni", oggi,

in cui il tempo si è riappropriato della follia

di un mondo, sempre più confuso e meno credibile.

La meteorologia dell'anima segue, dunque,

quella di una Natura, che mai, come oggi,

ha sconvolto mari e spiagge,

fiumi e torrenti, che si gonfiano a dismisura.

Persino il ghiacciaio alpino si scioglie

con una rapidità mai vista;

eppure c'è qualcuno che pensa

e dice che non è vero,

che è tutta una montatura,

che il clima segue i suoi ritmi.

Dove sono più i governanti del mondo?

non quelli chiusi nelle loro case sicure

ma aperti a capire ed aiutare il mondo

ad essere quello che è, prima dell'apocalisse.

Volare

Da bambino, sognavo, ogni notte, di volare.

Avevo costruito un colorato aereo di legno, che,

quando era stanco della meraviglia del mondo,

si riposava sulle terrazze delle case per poi ripartire,

sorvolando palazzi, giardini.

Strano era che il film riprendeva ogni notte,

senza soluzione di sorta;

finché un giorno finì e da allora nacque

la mia voglia di andare al cinema

per continuare a sognare, a volare.

La paura del mare

Insegnai ai miei figli

a nuotare, gettandoli a mare,

come pesci, condannati fino ad allora

a far finta di sopravvivere sulla terra.

Paura, terrore, ma poi,

subito, o quasi subito,

confidenza con l'acqua che li aveva partoriti,

delfini felici di acrobazie.

Geni incompresi

Ne ho incontrato tanti,

assurdi, sorprendenti,

intraprendenti nella propria solitudine,

non in quella degli altri,

dei quali non interessava nulla.

Sapevano tutto, o quasi tutto,

e lo dicevano

solo quando non potevano farne a meno.

Geni incompresi da chi pensa all'inutilità

delle parole e dei pensieri,

che rendono la vita ricca,

scintillante di bellezze e di misteri senza fine.

A voi va la mia meraviglia, il mio amore

di fratello, che avrebbe voluto più a lungo

condividere pensieri e parole.

Ma voi, più degli altri,

appartenete a voi stessi,

ed ogni invadenza è una violenza

inutile, superflua, forse, senza senso.

Allievi

Vi ho insegnato tutto me stesso.

Avete portato a casa

pensieri e parole,

li avete seminati nel vaso della vita,

sono diventati fiori, piante,

con le quali continuate a parlare da soli

aspettando pazienti che vi rispondano.

Napoli

Napoli mi appartiene,

è il sangue che,

con molti altri,

scorre nelle mie vene.

Ne parlavano tutti male,

ora fanno file per conoscerla.

Non hanno capito molto,

ma non importa.

Napoli non vuole capire

ma vuol amare.

Qui il genio è talmente di casa

che nessuno ci fa caso.

Terre mie

Sono le terre

che ho viaggiato, vissuto,

dormito, sognato.

Ogni tanto ne scopro una,

affollata di persone, di cose,

di panorami che ricordo

con una verità sconvolgente.

Una volta, un emigrante

mi confidò che, per tutta la vita,

giunto in un altro continente,

aveva sognato la montagna del suo paese.

Come gli elefanti,

desiderava morire nella sua foresta.

Vi tornò e ora è sepolto

nel silenzio dei suoi monti,

poveri ma felici.

Fraintendimenti

Ho molto lavorato,

ho fatto come il mio Maestro mi aveva insegnato,

il filologo, scoprendo e studiando cose nuove,

che hanno girato il mondo,

senza che nessuno se ne accorgesse.

Mi sono poi stancato delle parole,

e, pur non rinnegando nulla delle solitarie fatiche,

ho pensato di scoprire e studiare le mie parole,

quelle che segnano la vita di un uomo

votato alla vita.

Gli altri, come spesso accade, non hanno capito:

hanno confuso passato e presente,

senza prendersi la briga di scoprire,

di studiare ciò che io avevo già fatto.

Si sono confusi, diciamo così,

e per questo non vanno perdonati.

Insegnare la poesia

Come nell'avvolgente film di Troisi,

il postino si innamora delle parole,

per colpa di un poeta

che gli insegna la loro bellezza,

soprattutto quando stanno bene insieme.

Egli potrà così, finalmente,

fare quella dichiarazione d'amore,

che ogni donna sogna da chi sa usarle,

non per farne qualcosa,

ma per svelare il mistero che avvolge la vita,

il nostro amore e disamore

per tutto ciò che è banale e volgare.

I vecchi

Solitari, parlano sulle panchine

delle grandi città, sperando che qualcuno

li ascolti, li ami, per un passato glorioso,

per il quale meriterebbero una medaglia al valore.

Lo Stato li ignora, immerso in un giovanilismo

sempre più sfrenato,

facendoli sentire sempre più soli, inutili.

Eppure, come nell'antica Grecia,

quanto si potrebbe apprendere

dal loro fare, dal loro dire,

destinato a morire con loro.

Vecchi e giovani non possono stare appartati

nella loro solitudine.

Nella loro apparente, infruttuosa compagnia,

devono parlarsi, dire la verità.

Un giorno, mio figlio giovane

si compiacque di una giornata

vissuta con vecchi,

che in un giorno gli avevano insegnato

tutta la vita.

La scoperta della parola

Scoprii, un giorno,

dopo avere troppo letto e studiato,

che potevo dire tutto,

che potevo scrivere tutto.

Capii che la vita

è uguale a quella del contadino,

che, dopo avere vangato, seminato, trebbiato,

poteva sperare di raccogliere i suoi frutti.

Letteratura

È varia e sa di tutto,

ormai la fanno tutti,

anonimi e sconosciuti.

C'è chi vince il Nobel,

chi un premio che lo rende felice.

La letteratura non ha mai fatto male a nessuno,

è disarmata, indifesa; così,

deve difendersi dagli attacchi di chi non ne sa niente.

Eppure, in quel sentire, pensare, sognare,

c'è la nostra vita, che le parole aiutano a scoprire,

a svelare, come un mistero sacro,

racchiuso in uno scrigno d'oro,

di cui si è perduta per sempre la chiave.

Vite

Solo noi conosciamo la nostra

e, come le donne, sorridiamo

quando gli altri, con strana sicurezza,

provano a indovinarla, addirittura a spiegarla.

Eppure, noi, pur conoscendola più di tutti,

non sappiamo giudicarla, sapendo di accostarci

solo a una parte della sua sconfinata verità.

Ci basta così averla vissuta, raccontata,

per caso o per calcolo, sicuri solo che continuerà

a farci compagnia, segreta, solitaria,

delicata, discreta

nel non chiederci consigli, spiegazioni,

che le toglierebbero quell'aria di mistero,

che l'avvolge e di cui resta gelosa.

Diario

Ho deciso di scrivere

un libro di poesie,

tutte di getto,

non aspettando quella divina ispirazione,

di cui parlano i poeti.

Non pensavo fosse possibile,

eppure le parole mi hanno cercato e trovato

quando volevano, ansiose e ardenti

di essere dette, con la loro nuda verità,

con il loro serio sorriso,

che mi accompagna da quando ero bambino.

Forse sto dicendo troppo

Forse sto dicendo troppo.

Ma questo è il rischio della poesia,

che evitano quelli che fingono e non dicono.

Io, invece, sono felice di averla trovata,

dopo averla troppo raccontata.

In fondo, era lì dentro,

nella testa di Giove,

nel fondo di un pozzo;

aspettava solo

di essere raccolta in un secchio

e versata per irrigare

una terra arida e desolata.

Al mondo

"Non sapete cosa vi siete perduti"

scrissero i miei napoletani ai loro morti,

che a Napoli non muoiono mai,

nel cimitero di Poggioreale,

quando finalmente vinsero lo scudetto.

Non vorrei gridare la stessa cosa

a chi pensa che la cultura sia una partita di calcio.

Anzi, a ben pensarci,

per la poesia sarebbe una via di salvezza

dall'ignoranza e stupidità,

che affolla gli stadi

e lascia soli i poeti.

Verdi

Verdi, come un bosco in primavera,

come un pezzo di bandiera, sventolante al vento,

con la speranza, a cui ci si aggrappa sempre.

Verde, diceva mia madre, è il solo colore

che ti fa bello.

Le vicine lontananze

Le vicine lontananze

delle nostre parole

danno il giusto senso

di sessi diversi,

di corpi, di anime,

che inseguono altri fantasmi

e si ritrovano a condividere

una vita, fatta di tutto, di niente.

Poesia

La poesia mi fermentava dentro,

come mosto che vuol farsi vino bianco, rosso.

Non la cercavo, ma lei veniva,

come un'amante amorosa,

a farmi compagnia,

sconfiggendo una solitudine,

che mi sembrava bastasse.

Ma, forse, aveva ragione lei:

appartenersi va bene,

ma chiudersi tra le grate del proprio cuore no.

È una violenza che si commette;

eppure lei è là, pronta a soccorrerti,

ad aiutarti a vivere una vita,

finalmente piena di parole mai dette,

di pensieri mai confidati,

se non a te stesso.

Madre

Nella madre la natura

celebra i suoi trionfi:

i figli, i nipoti:

un cordone ombelicale

mai reciso, che lei sente

sempre vivo, pulsante

nelle vene di un amore senza fine.

Maestri

Passano le generazioni

e i Maestri invecchiano,

amati, traditi,

convinti di aver dato

qualcosa che resta.

Restano, infatti,

parole comuni,

prestate, rubate,

non importa:

un lessico amoroso.

Vecchiaia

Dicono che sia una malattia

eppure in essa si racchiude tutta la tua vita,

la tua inquietudine, la tua saggezza.

"Vivo di ricordi", mi diceva una donna rassegnata;

"Sono molto stanca", aggiungeva un'altra,

che non aveva la forza di continuare.

La vita è una scommessa, una sfida;

mentre stai per soccombere

puoi trovare una energia infinita.

Non sai da dove viene,

forse da un qualcosa che ti appartiene

e di cui non hai mai avuto coscienza.

Guardami

Sono gli occhi

lo specchio dell'anima,

dicono, dimenticando il corpo,

che ha occhi dappertutto,

nelle donne persino

dietro le spalle.

Storie

Le abbiamo vissute tutte

e le conosciamo solo noi;

faticoso è raccontarle ogni volta,

come se fosse la prima volta.

Invidio la forza di chi non si stanca

a ricominciare, a trovare la forza

di ogni giorno, come fosse il primo del mondo,

con il sorriso e la speranza che mai finisca.

Giovani

I giovani, non sempre,

sanno campare:

non salutano più i vecchi,

non fanno posto a chi ne ha bisogno,

sono sempre attaccati a un telefonino

o a dei fili volanti, per ascoltare musica o altro.

Insomma, sono degli automi

che si aggirano per il mondo,

senza però quella carica

che davamo ai nostri giocattoli

per farli funzionare.

Salerno

Ad Alfonso Gatto

"Salerno, rima d'inverno",

diceva il mio poeta,

ma anche d'estate,

quando, da nuotatore esperto,

sfidava le onde.

Nella vita, nella poesia,

non ha fatto altro,

mostrando che la vita è,

comunque, una scommessa, una sfida.

Via Tasso

Siamo circondati

da due giardini, forse tre,

che emanano il loro balsamo

a un mondo, senza alito, senza respiro.

Nel silenzio di un luogo,

abitato dalla meraviglia,

le parole scorrono più liete e serene

e compongono il puzzle di una vita,

ricercata e indovinata,

forse senza volerlo.

L'eden è dentro e fuori di noi;

basta trovarlo, senza cercarlo.

Stanchezza

Sono stanco

dei movimenti inutili

a cui la vita ti costringe,

con una ripetitività

che sembra offendere l'intelligenza.

Bisogna lavarsi, vestirsi,

cambiarsi, essere possibilmente eleganti.

Per un poeta tutto ciò non è importante,

la sua mente frulla di parole cariche di senso,

e la sua vita rifiuta la fatica

di movimenti inutili, ma per gli altri indispensabili.

Domenica

Suonano le campane

per annunciare la festa,

violando il sacro silenzio,

che avvolge il nostro corpo, la nostra mente.

La compagnia del suono

ricorda però l'infanzia,

lo scampanìo di luci e colori

di una casa felice,

dove il sorriso era imposto dal cuore

e il suono dalla voce di un sangue comune,

che vibrava all'unisono, senza fare rumore.

Disconnesso e felice

Così mi definì

il caro giornalista,

additandomi, a ragione,

come un uomo fuori dal tempo.

E aveva ragione.

Il mio tempo è quello

di una grotta platonica,

dove il pensiero si carica di luce

e il sogno rincorre orizzonti perduti.

Moschettieri

Eravamo tre moschettieri,

amici per la pelle,

pronti a difendere la regina del nostro cuore.

Sono ora rimasto solo io,

ultimo "cavaliere d'amore e d'onore",

come mi disse la Merini,

pensando a una Magna Grecia,

che aveva vissuto ed amato

e che oggi quasi tutti hanno dimenticato.

Il poeta

Il poeta sa

che nessuno lo leggerà,

lo ascolterà.

Le parole sono faticose

e pesano talvolta più del piombo;

nessuno un tempo le violava,

sentenze sacre della legge,

che imponeva fermezza, rigore,

quella pesantezza che si fa leggerezza.

Celebrità

Ho sempre rifiutato la celebrità,

insistente, inopportuna.

Qualcuno mi ha definito "una personalità";

mi basta essere una persona

che pensa e sente contemporaneamente,

come voleva Parmenide, seguito dall'amico Vico,

perché solo così si completa delle sue parti,

non sempre uguali.

Figli

Scelgono le loro vie

e i tempi tra genitori e figli non corrispondono.

I primi invecchiano,

i secondi spremono la loro giovinezza.

Sarebbe però giusto che,

contravvenendo alla natura,

i tempi si incrociassero,

per ritrovare quella tenerezza perduta,

quando si era bambini e si invocava il seno materno

per sopravvivere.

Sì, viaggiare

Che bello viaggiare

e fare ciò che si vuole:

leggere, dormire,

guardare il mondo,

che ti scorre accanto,

sognando di tornarci,

di vivere una giornata

d'aria oltre il chiuso

di un treno, di un bus,

che ti fanno stare fermo e seduto.

Che bello incontrare

monti, fiumi, laghi,

pianure sconfinate,

che non ti appartengono

ma che senti tuoi,

perché tu sei del mondo

e gli appartieni tutto intero,

senza limiti.

Tu sei il mondo!

Il mondo sei tu,

con il tuo sguardo senza fine,

che non conosce confini,

che trafora monti,

che naviga mari, fiumi, laghi,

per ritrovare la sua anima

di viandante solitario

e sconsolato dalla vita.

Supplemento di vita

Forse cerchiamo

un'allusione a cui aggrapparci,

quando le parole non bastano

a dire ciò che vogliamo.

Il racconto non esaurisce

sempre se stesso;

ecco perché la compagna poesia

ti soccorre e ti salva dal suo naufragio.

Supplemento di vita o vita vera?

La risposta è senza senso,

anche se ne cerca uno,

che possa restituire alla vita il suo senso.

Amore

Quanto mi hai dato

non lo saprai mai

né io lo saprò mai dire.

Le mie parole sono troppo povere

per raccontare la tua ricchezza,

il tuo splendore, il sogno,

che ogni giorno mi regali

con la tua bellezza, la tua felicità.

Venere impudica

Finalmente sei donna

e danzi, donandoti non agli altri,

ma finalmente a te stessa,

al tuo corpo, che esplode

in un piacere senza fine.

Grazie, donna, per essere ciò che sei:

una Venere impudica.

Riso

A mio padre

Ricordo il tuo riso,

che continua a farmi compagnia

e la tua voglia di far ridere

anche quelli che non l'avrebbero mai fatto

se non avessi riso tu.

L'arco

Parole,

che si lanciano

con l'arco del cuore e della mente

e spesso sbagliano il bersaglio,

perché si sposta, a loro insaputa,

rendendo impossibile l'impresa.

Un tempo,

la stabilità era la nostra sicurezza

e dava pace all'inquietudine,

che avvolgeva l'anima;

oggi, tutto è più incerto

e improbabile è centrare l'obiettivo.

Neve

C'era neve in pianura,

calda neve d'inverno,

che si sarebbe troppo presto

sciolta al primo bacio del sole,

al lento respiro del vento,

come una grande gioia,

che si dissolve

al richiamo della vita,

che reclama i suoi diritti.

Sud

Qui la vita si vive

come se non avesse valore:

si compiono gesti eroici,

incontri straordinari,

ma senza lasciare traccia,

come se tutto non avesse valore.

Vento di mare

Votta 'o viento

Il vento di mare

porta messaggi lontani

e lascia sulla battigia

simulacri di vita.

È come se volesse riempire

il deserto di sabbia

di un inverno solitario,

surreale, senza uomini.

Un quadro di de Chirico:

senza vita.

Sipario

Su una panchina solitaria,

rara ma reale nella Villa Comunale,

guardo il lento e rapido scorrere

degli altri, impegnati a vivere.

La solitudine mi basta

e continua a farmi compagnia,

riflettendosi nei tanti burattini,

che recitano un copione già scritto,

come per i bambini.

Parole

Le parole mi erano entrate

nella mente, nel cuore,

si erano sistemate da sole,

femminilmente,

senza avere bisogno di nulla;

al risveglio, sono fuggite,

sonnambulamente,

andando chissà dove,

lasciando un rimpianto senza fine

di bellezza e perfezione.

Onomastico

Sono felice di un onomastico,

ricco di telefonate,

di parlate all'infinito,

frutto di un amore mai richiesto,

ma donato senza limiti,

come si fa con chi senti amico,

fratello di sempre,

unito dallo stesso amore della vita.

Non serve

Non serve

proteggere, aiutare

chi già sa ciò che deve fare:

appartiene alla storia

e la cronaca ne è solo una conseguenza.

Sudore

Voglio inebrarmi

di acqua, di freddo,

uscire dal letargo dell'estate

per rotolare nella neve dell'inverno

e poi dormire in un rifugio solitario,

da dove guardare il mondo,

sudato di malinconia.

Collana Carmina Moderna

1. OTTAVIANO DE BIASE, *Nel cratere d'Inverno*

2. UGO MORELLI, *Controvento. Per amore di figlio*

3. EMILIA DENTE, *Nero come l'amore*

4. TINA D'ANIELLO, *Nel cuore un angolo rosso*

5. CAROLINA MONTUORI, *Dalia di mare*

6. FRANCESCO D'EPISCOPO, *Tempo*